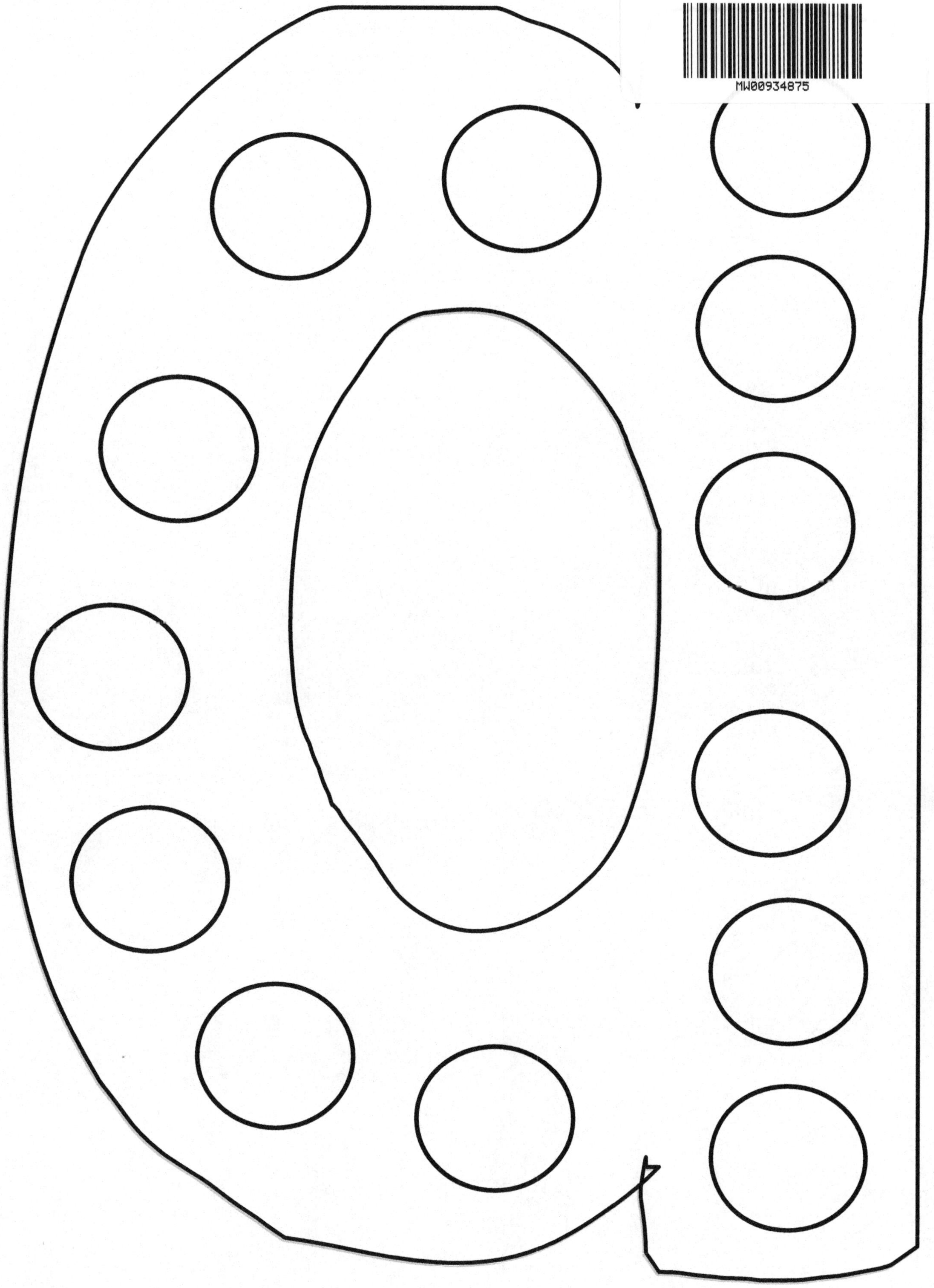

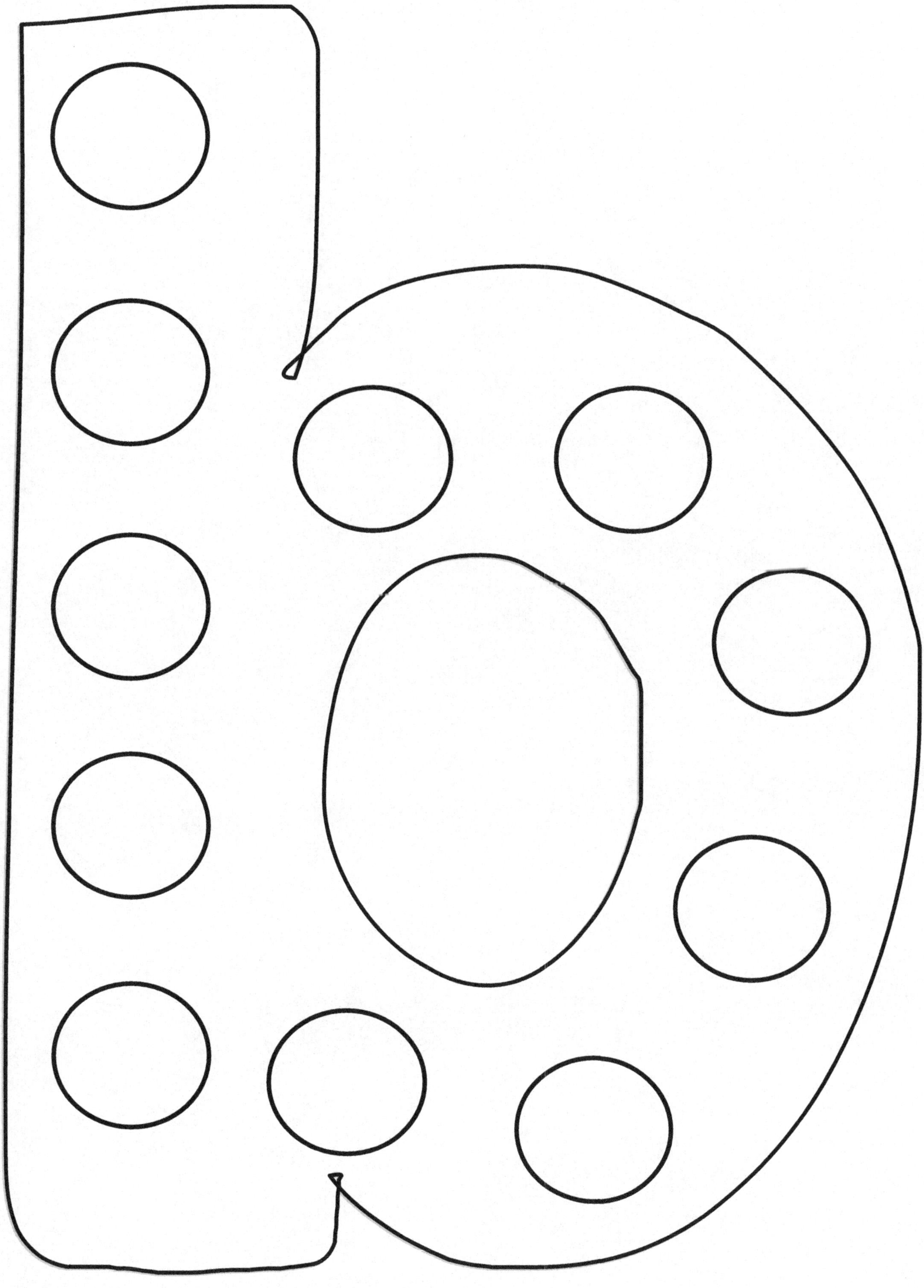

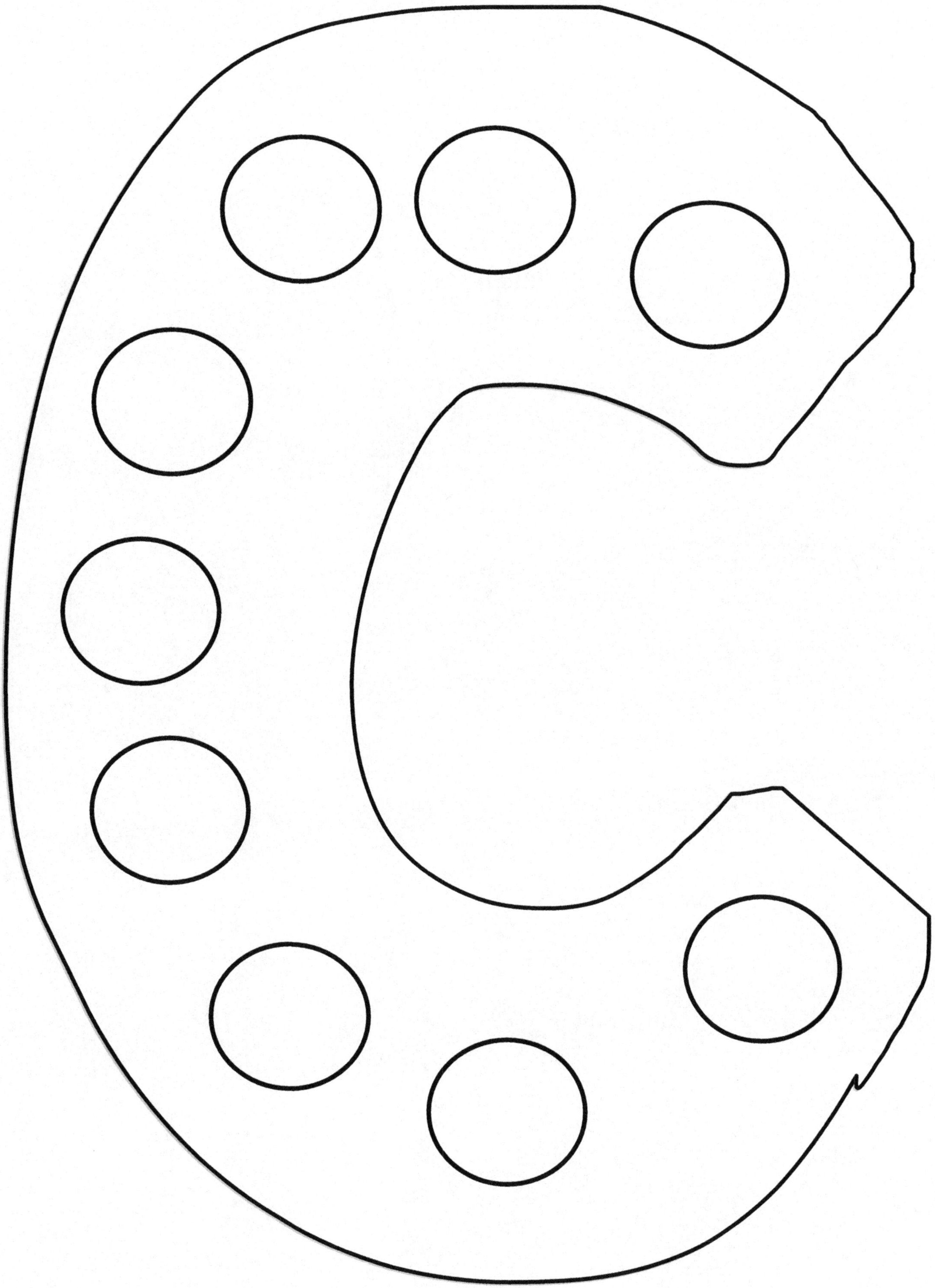

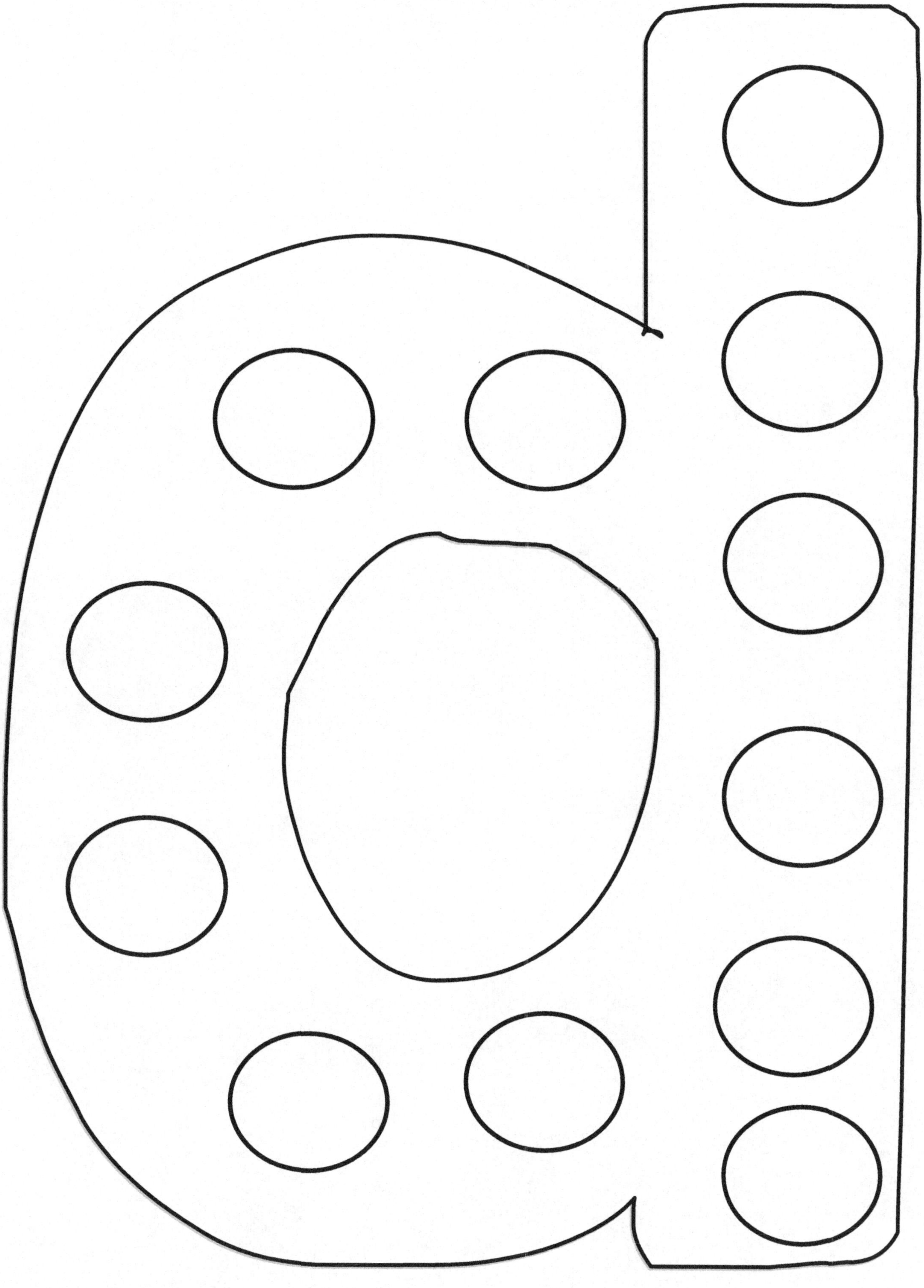

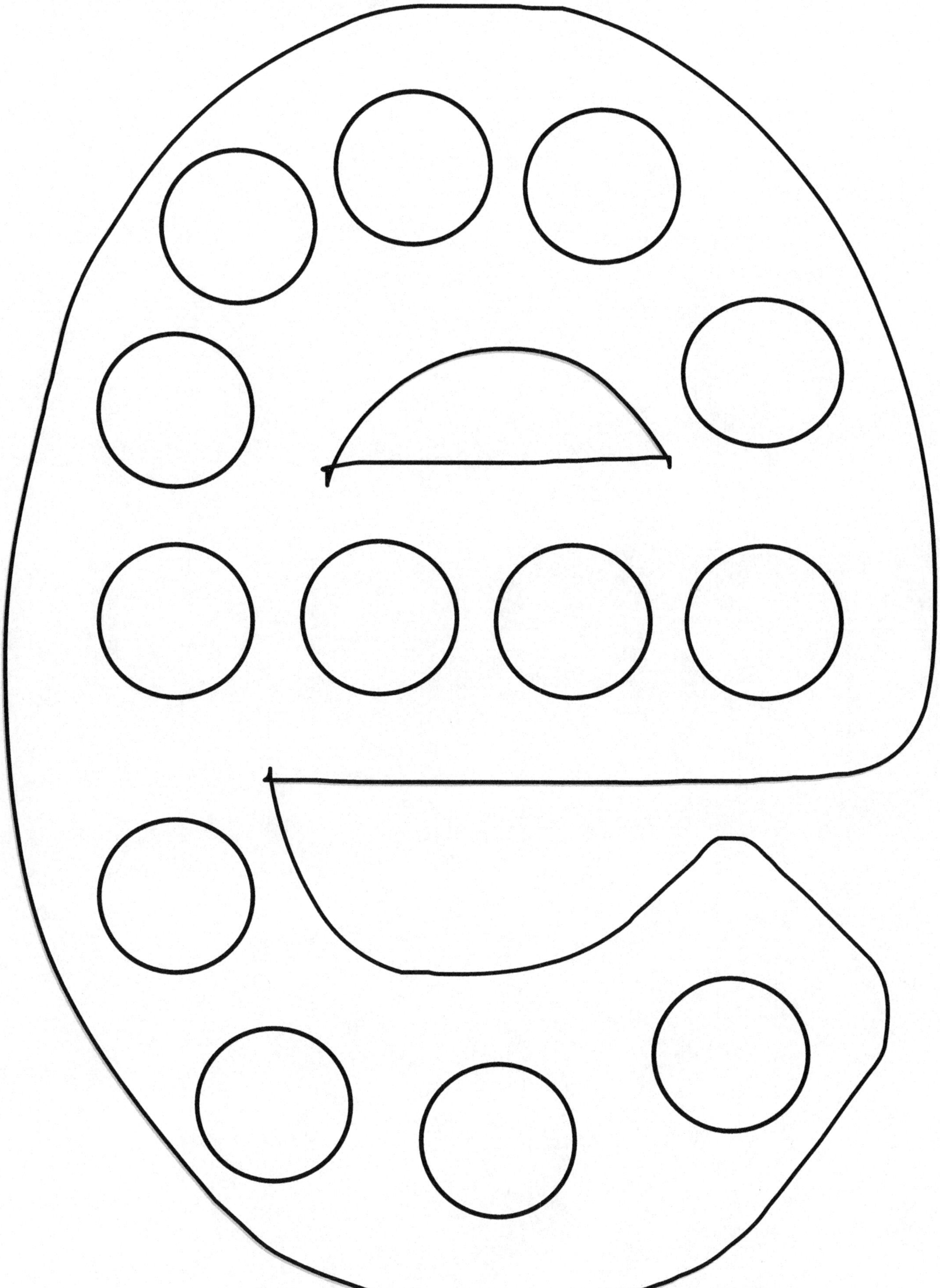

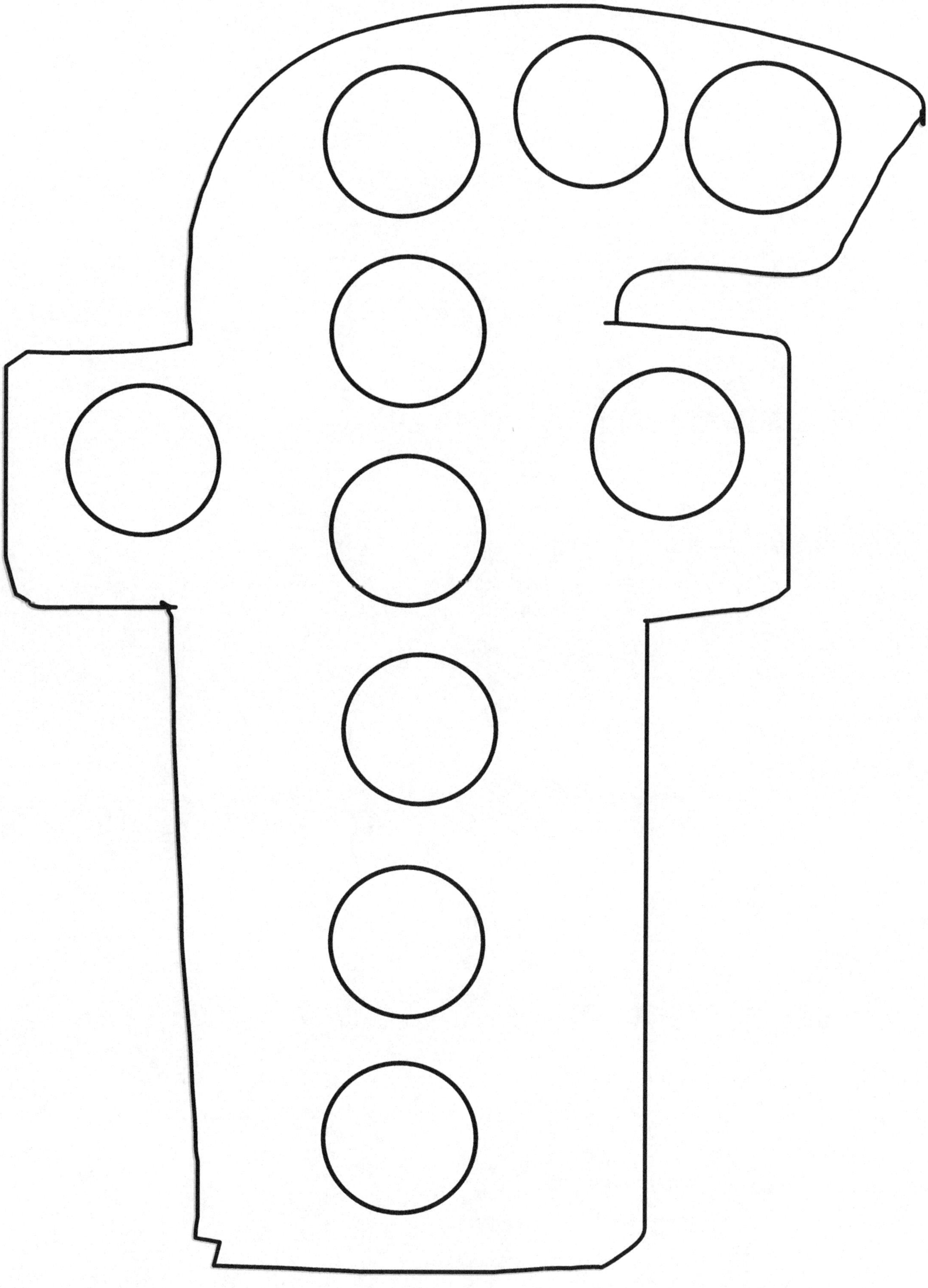

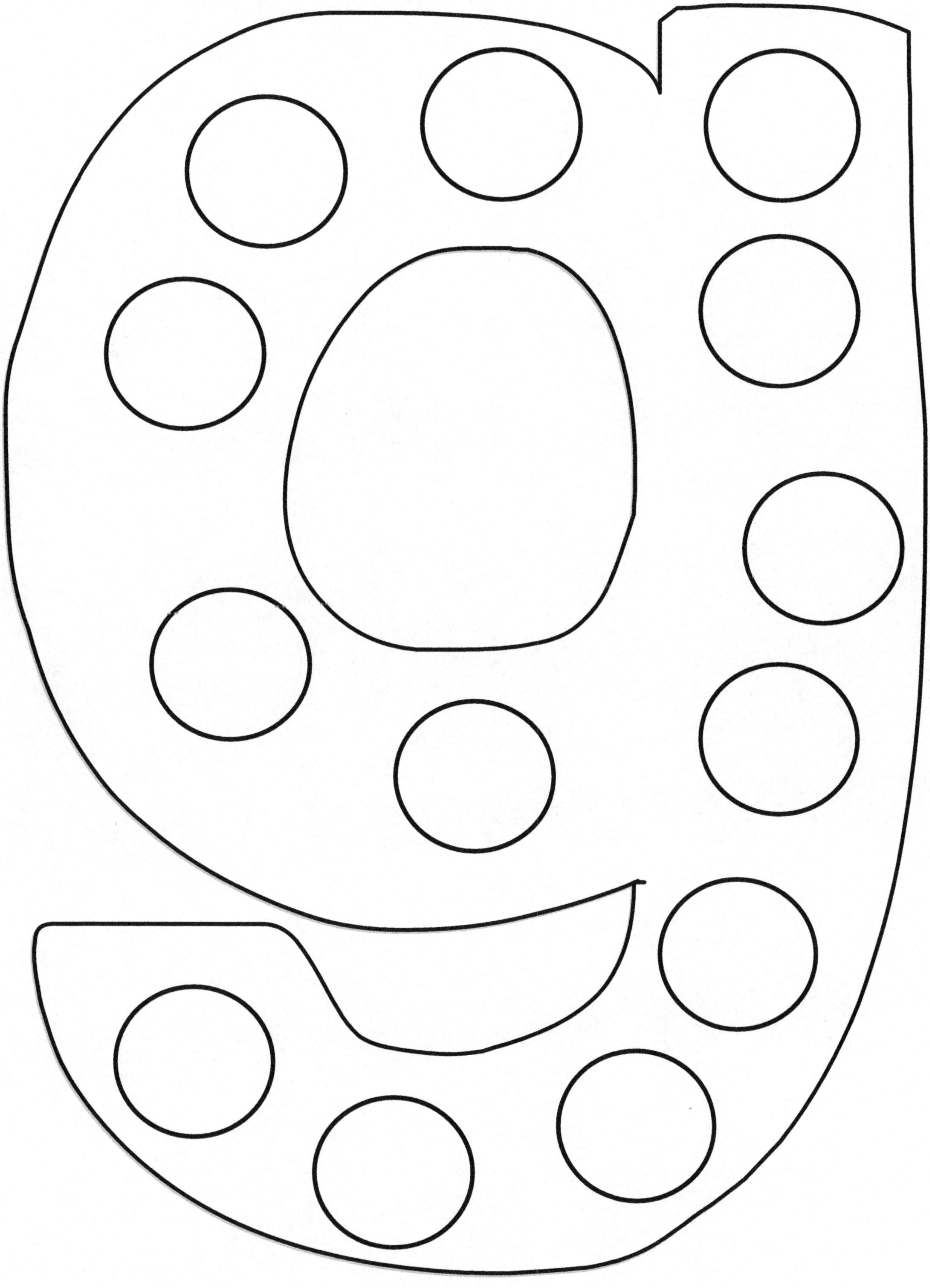

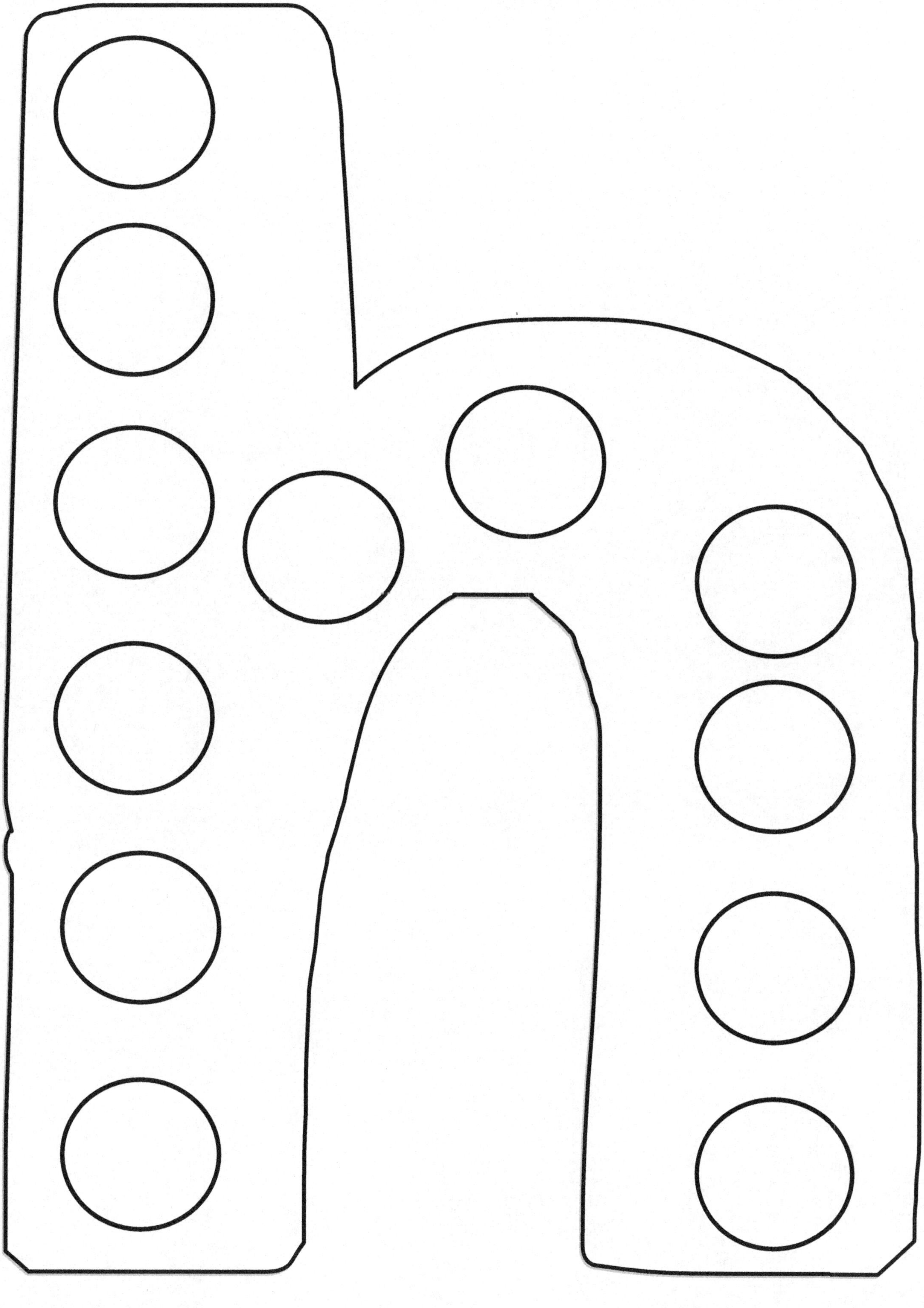

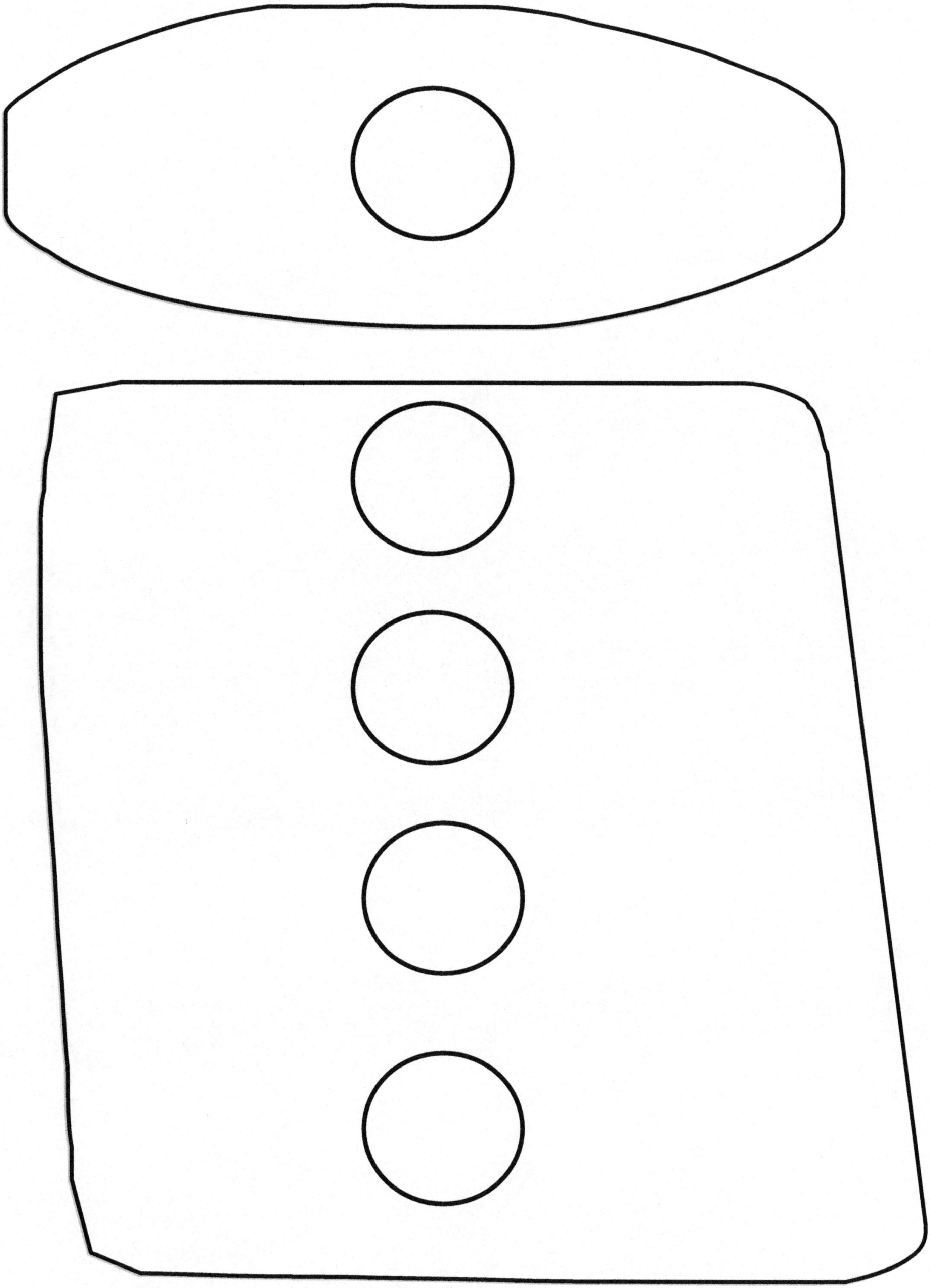

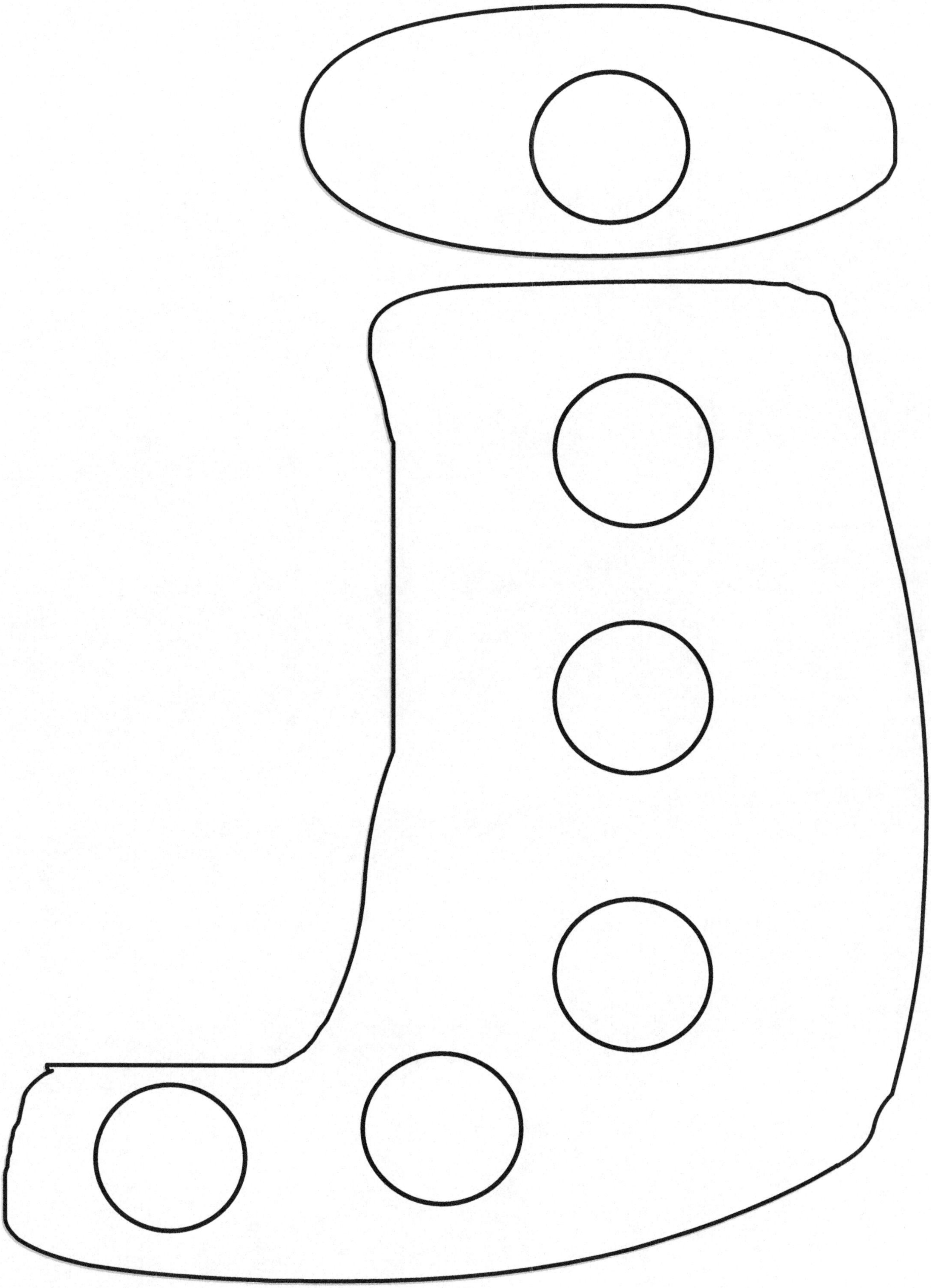

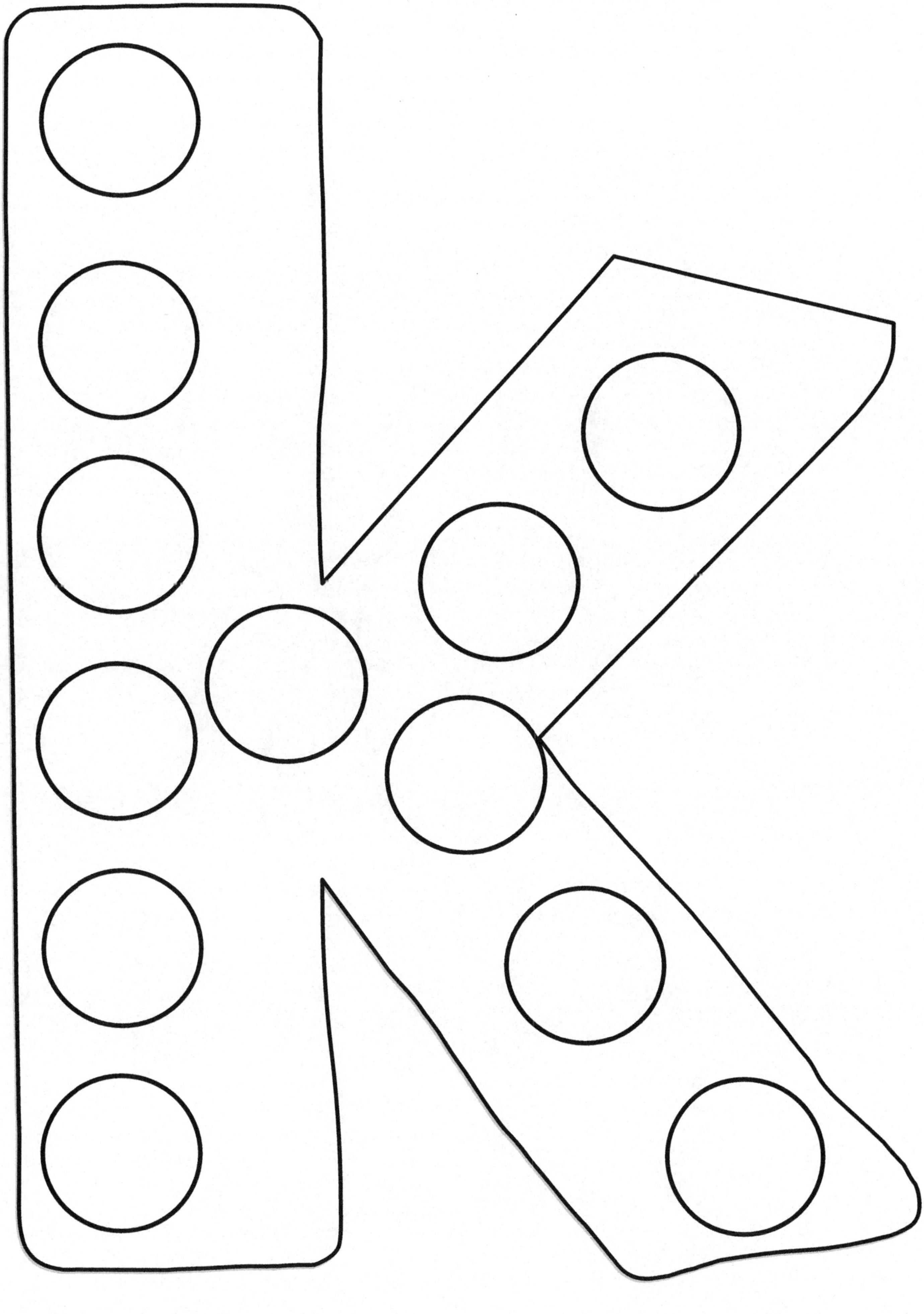

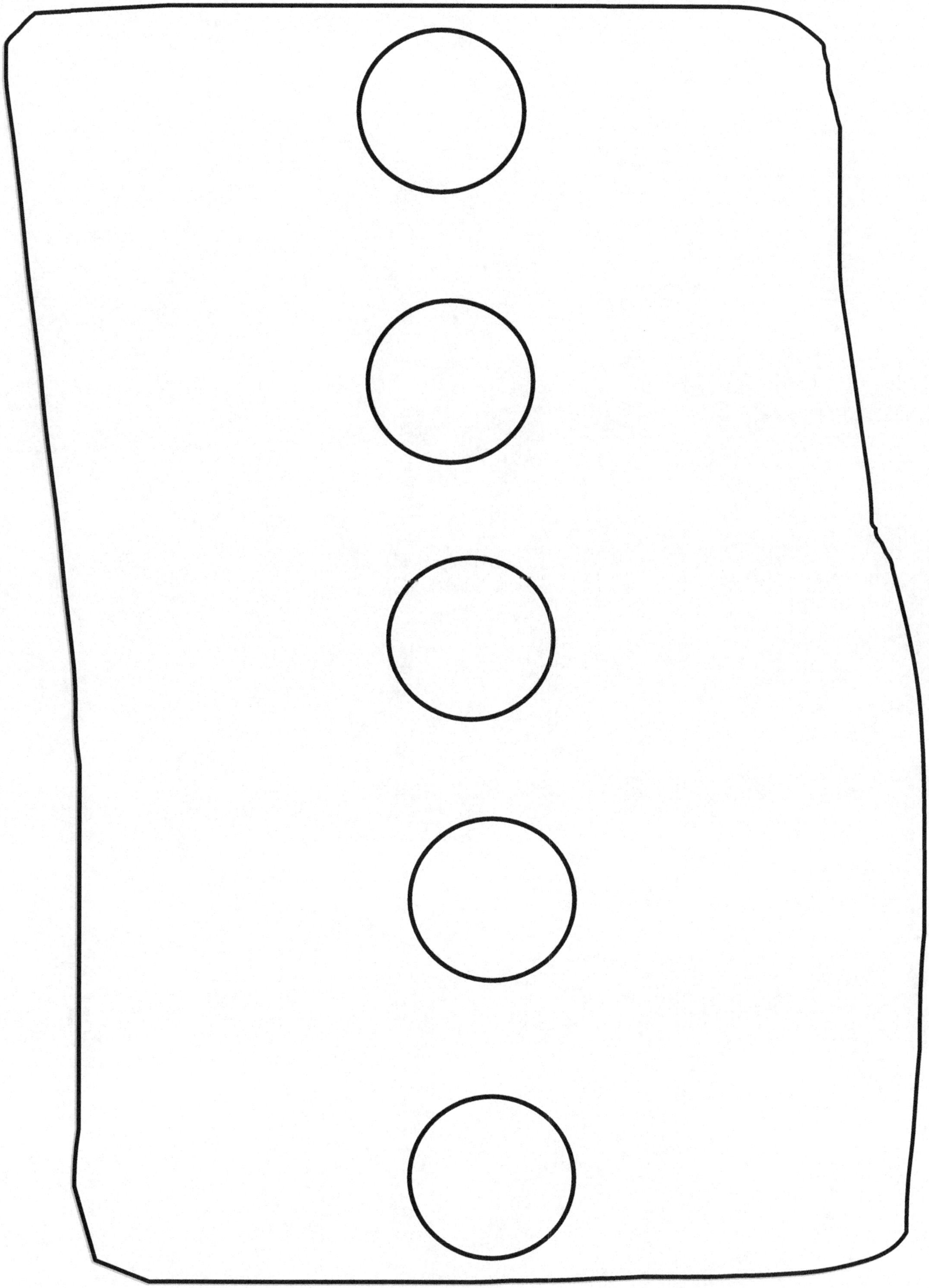

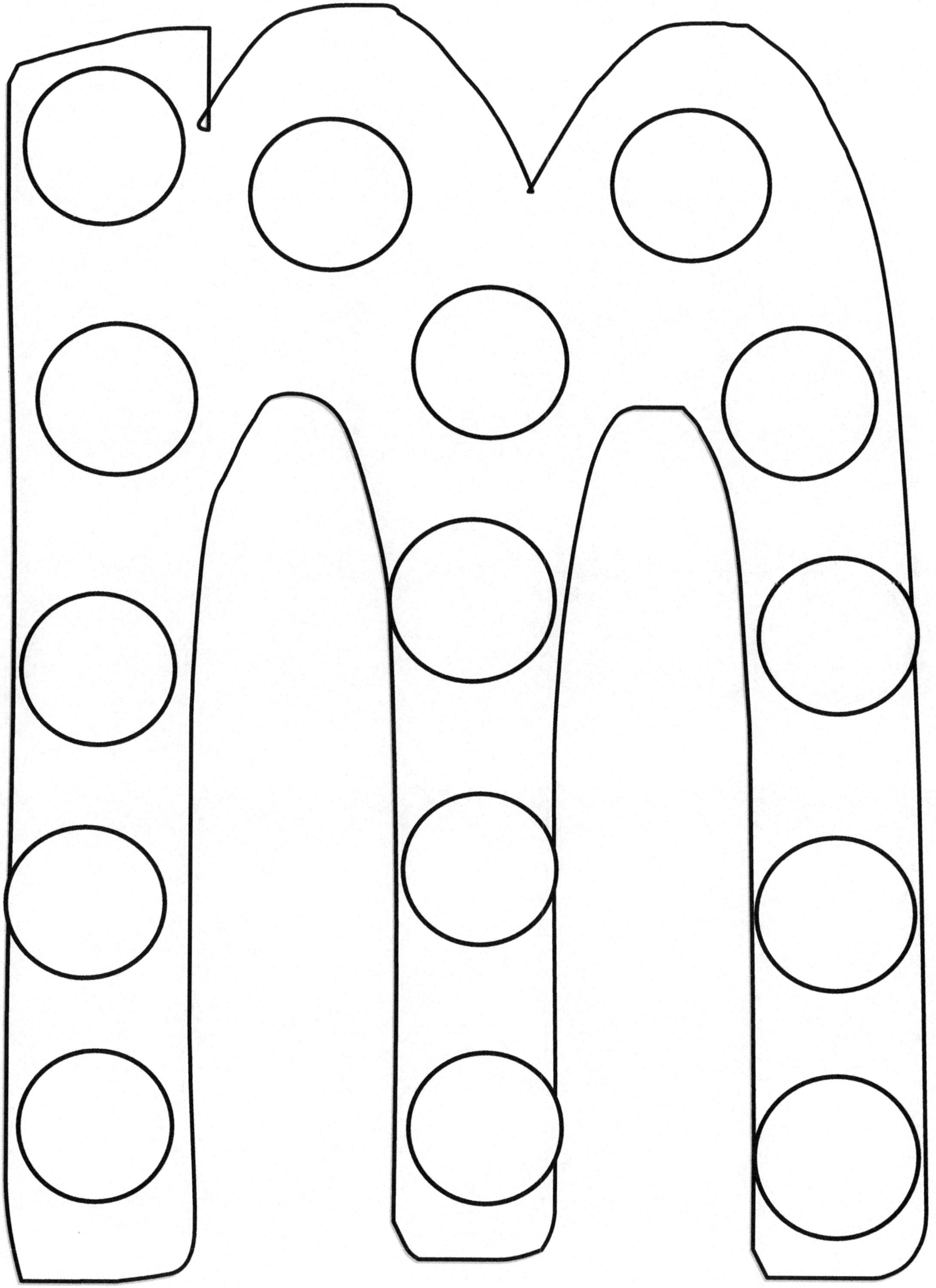

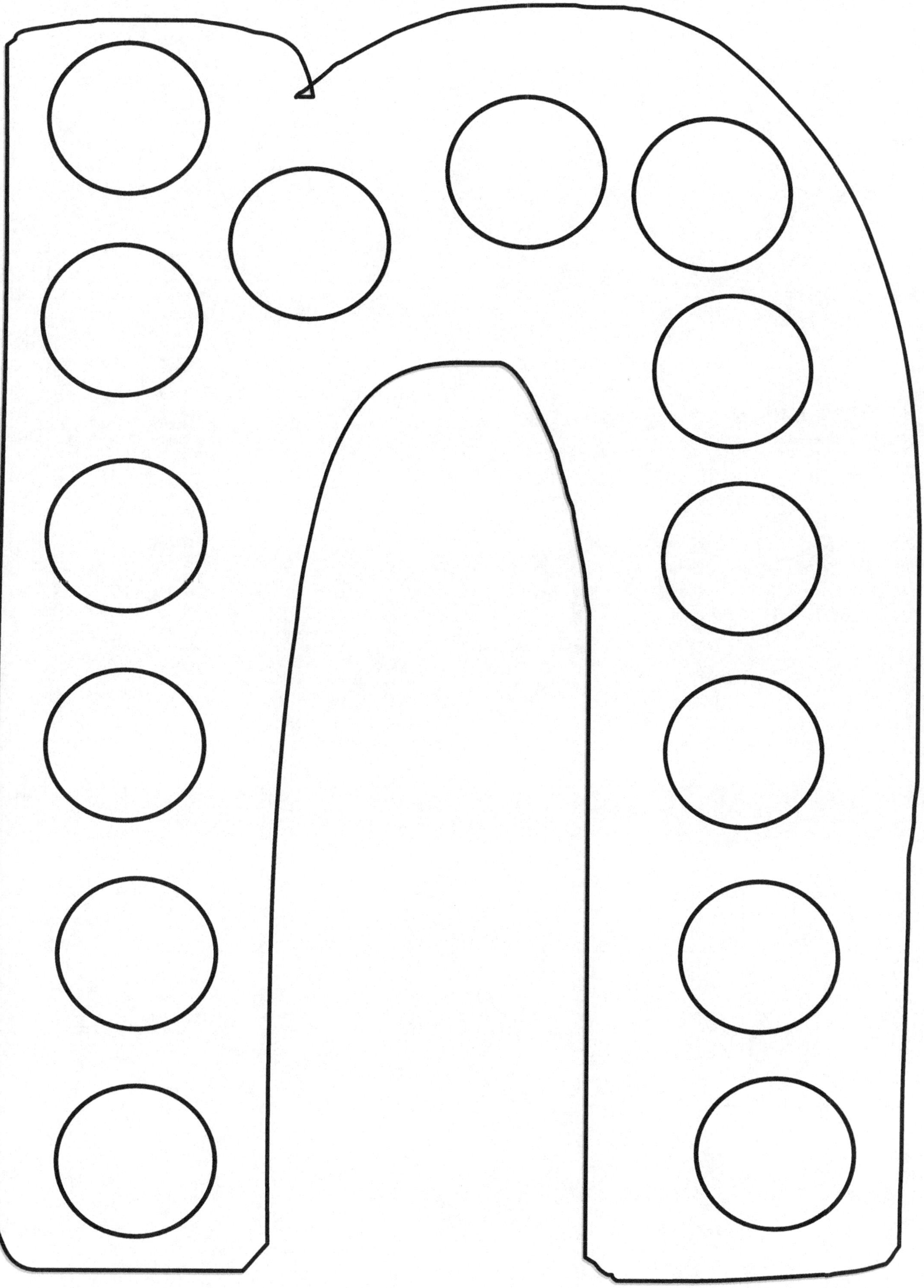

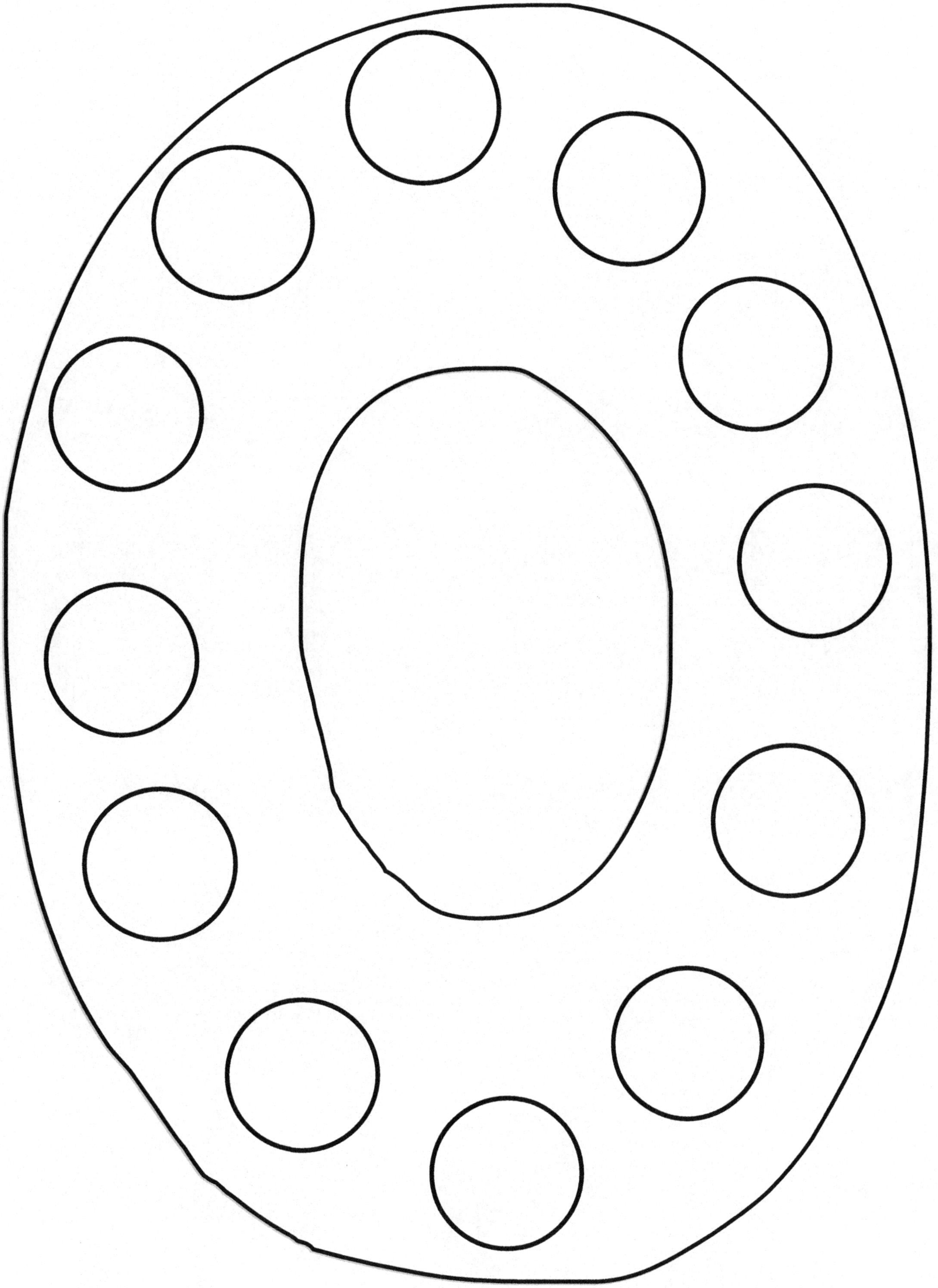

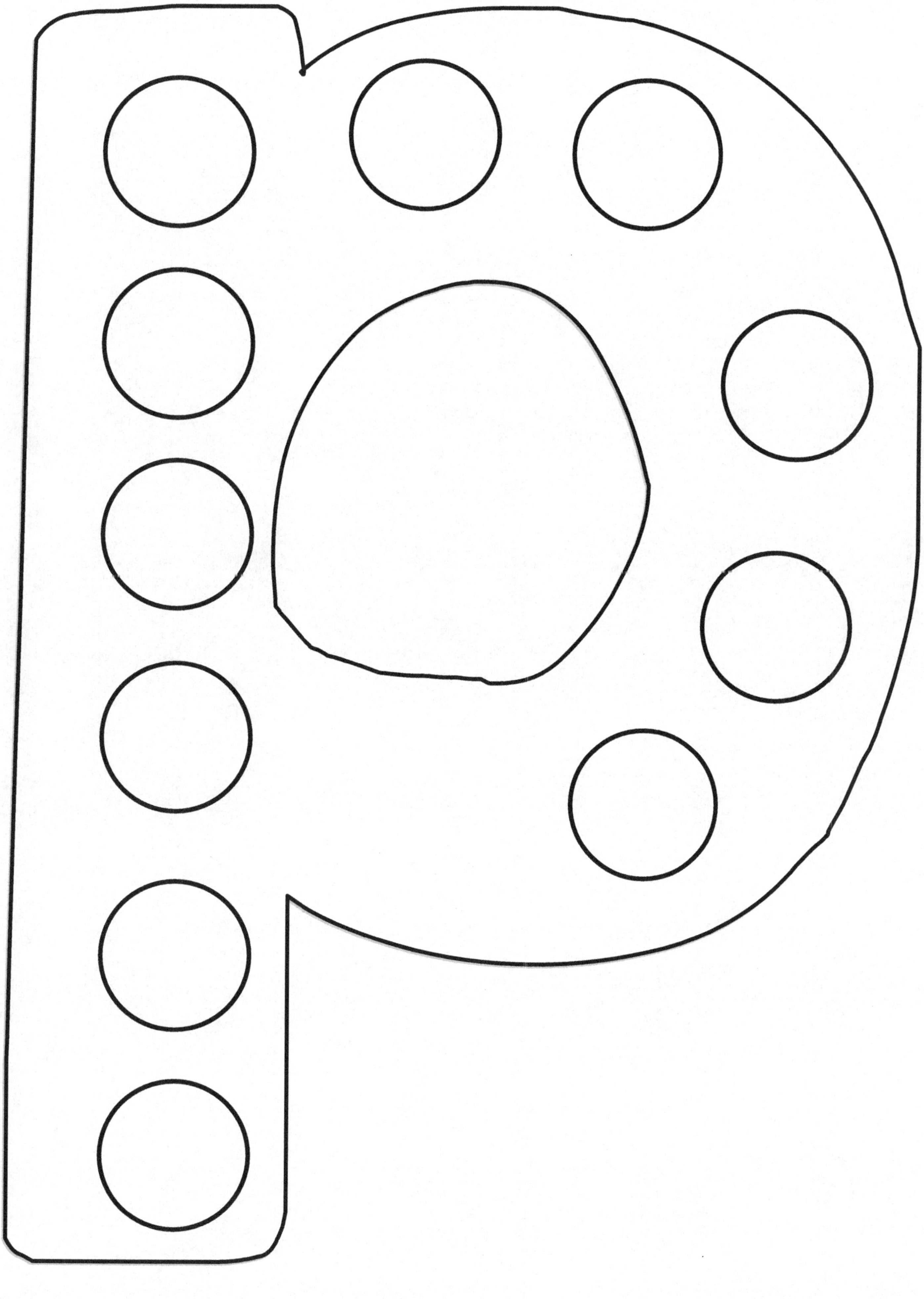

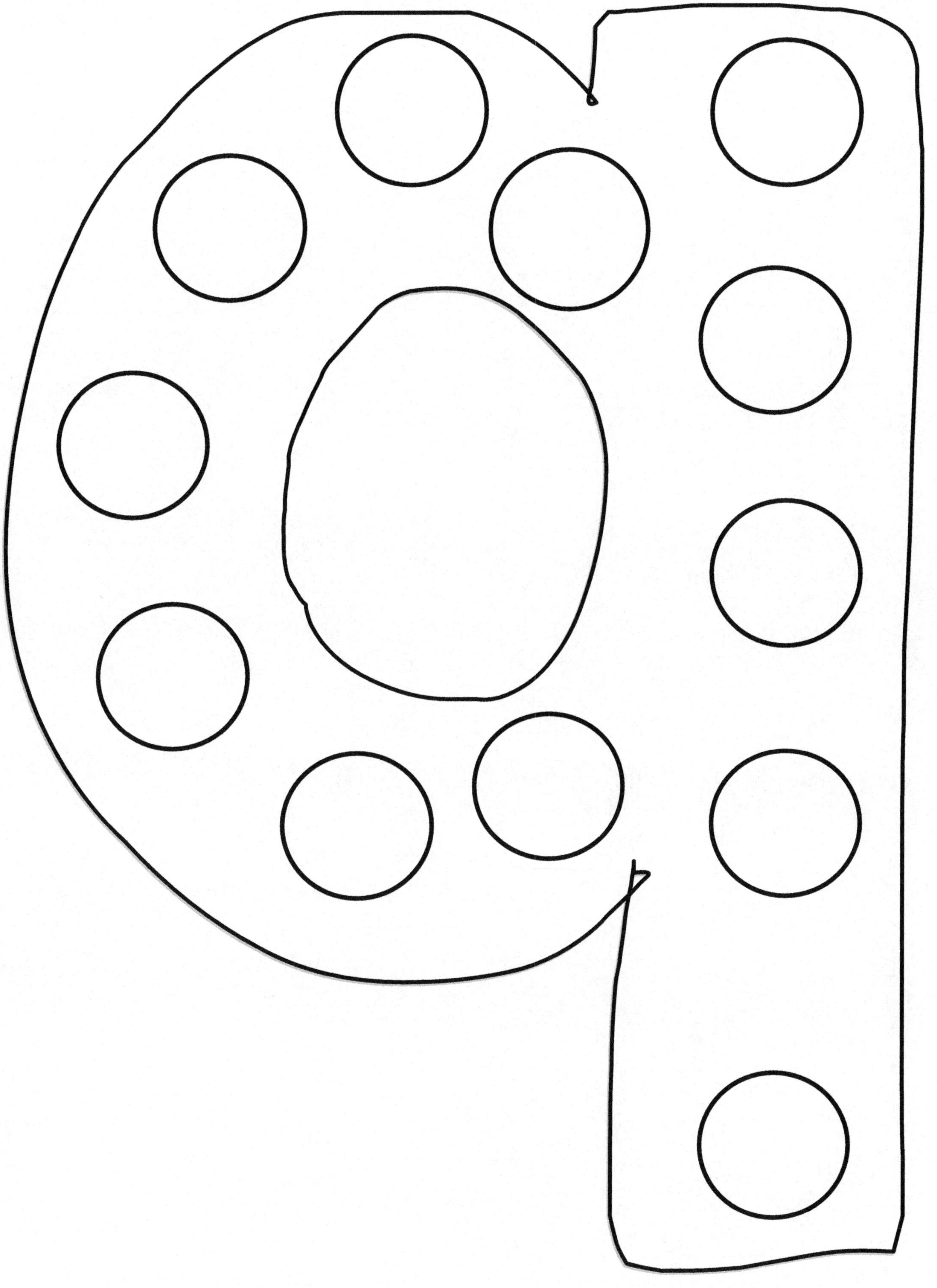

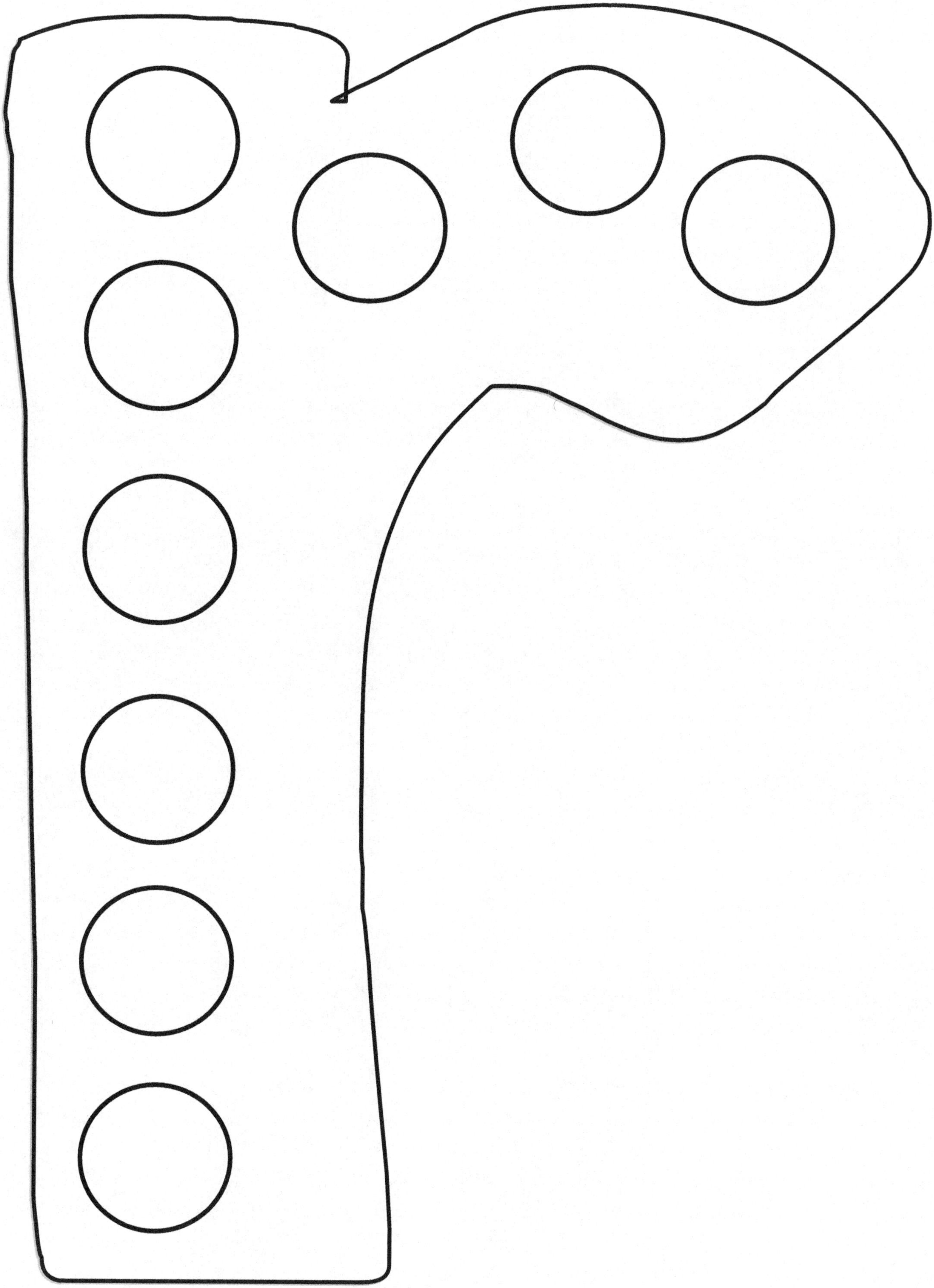

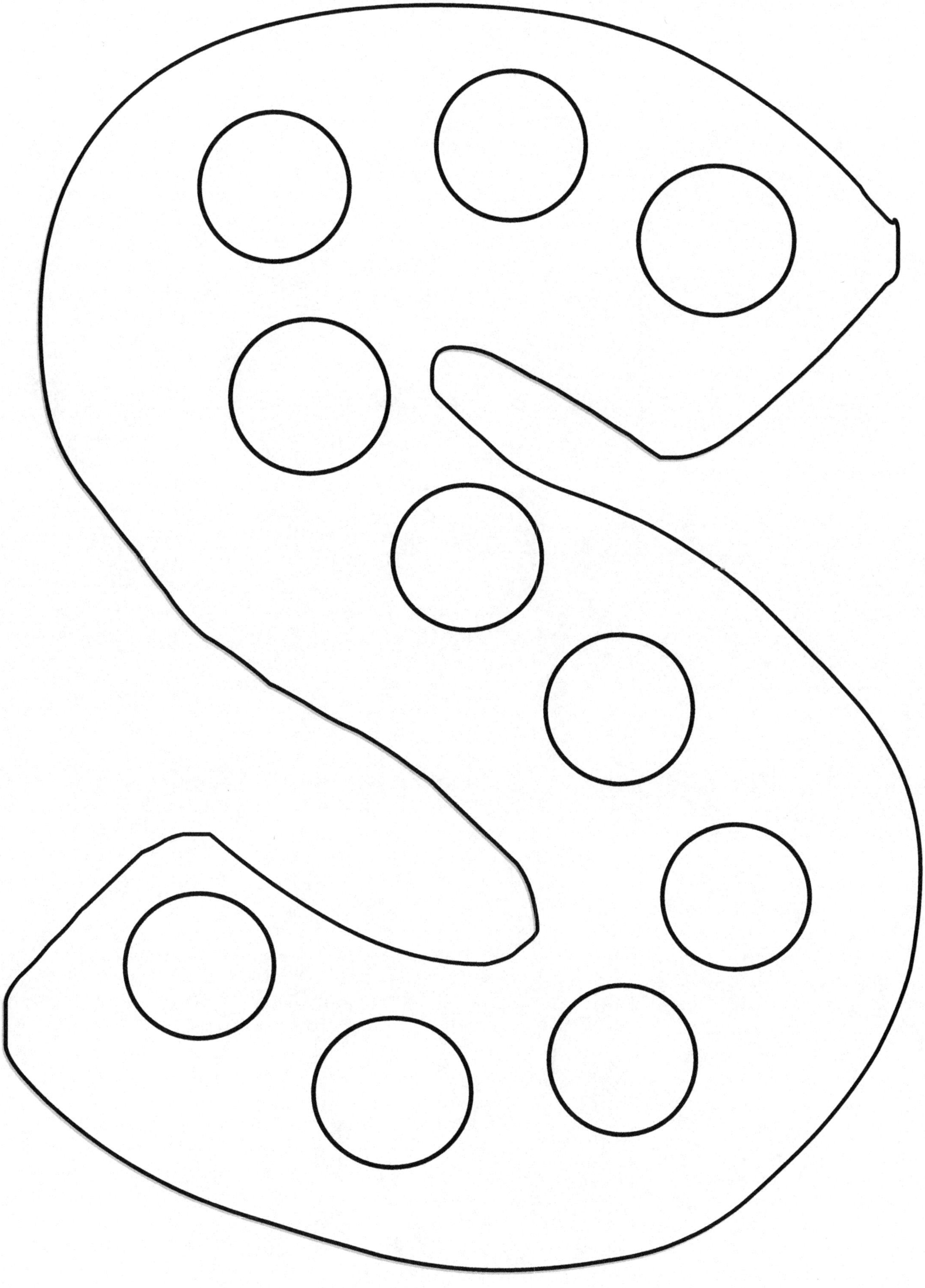

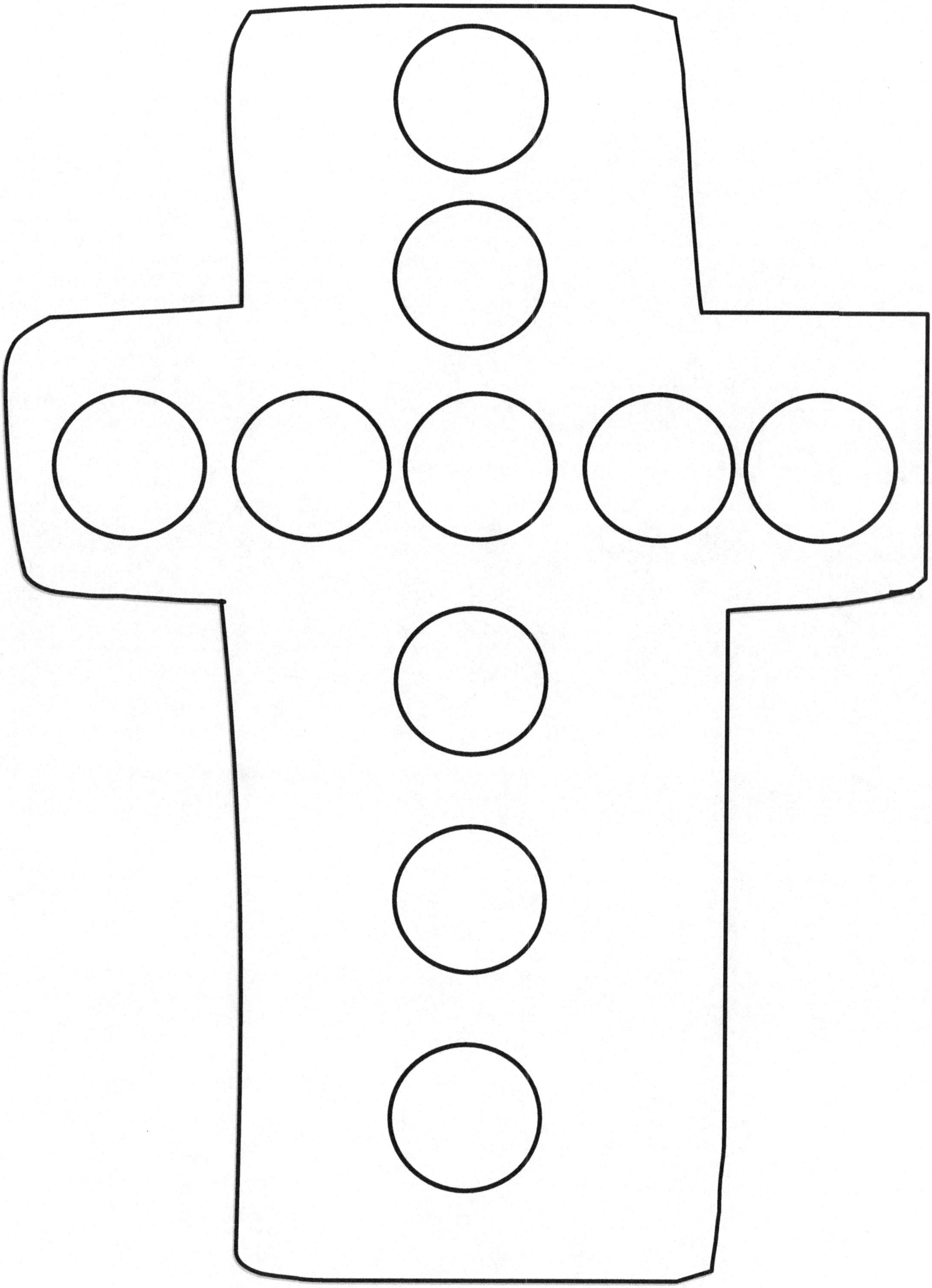

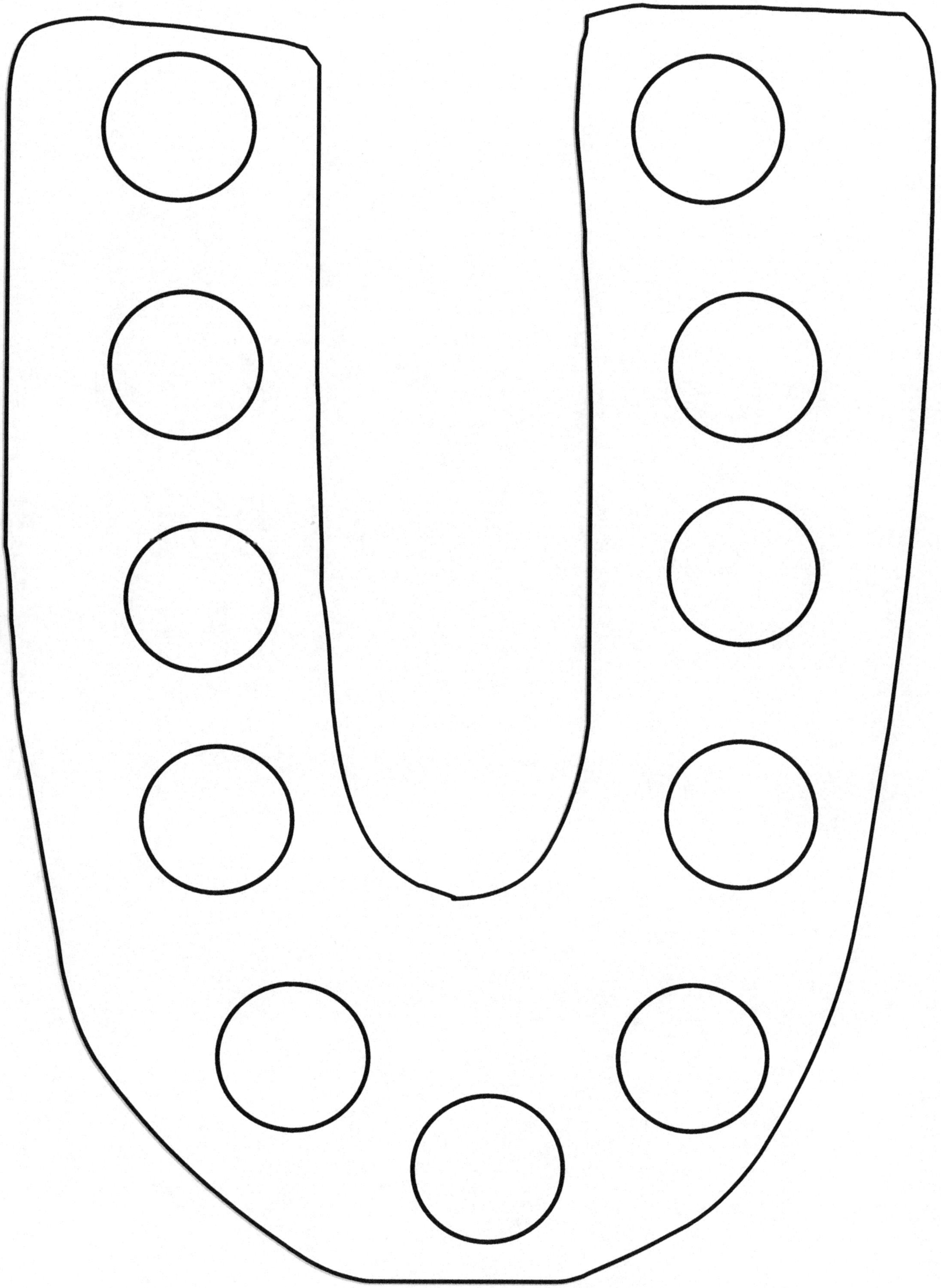

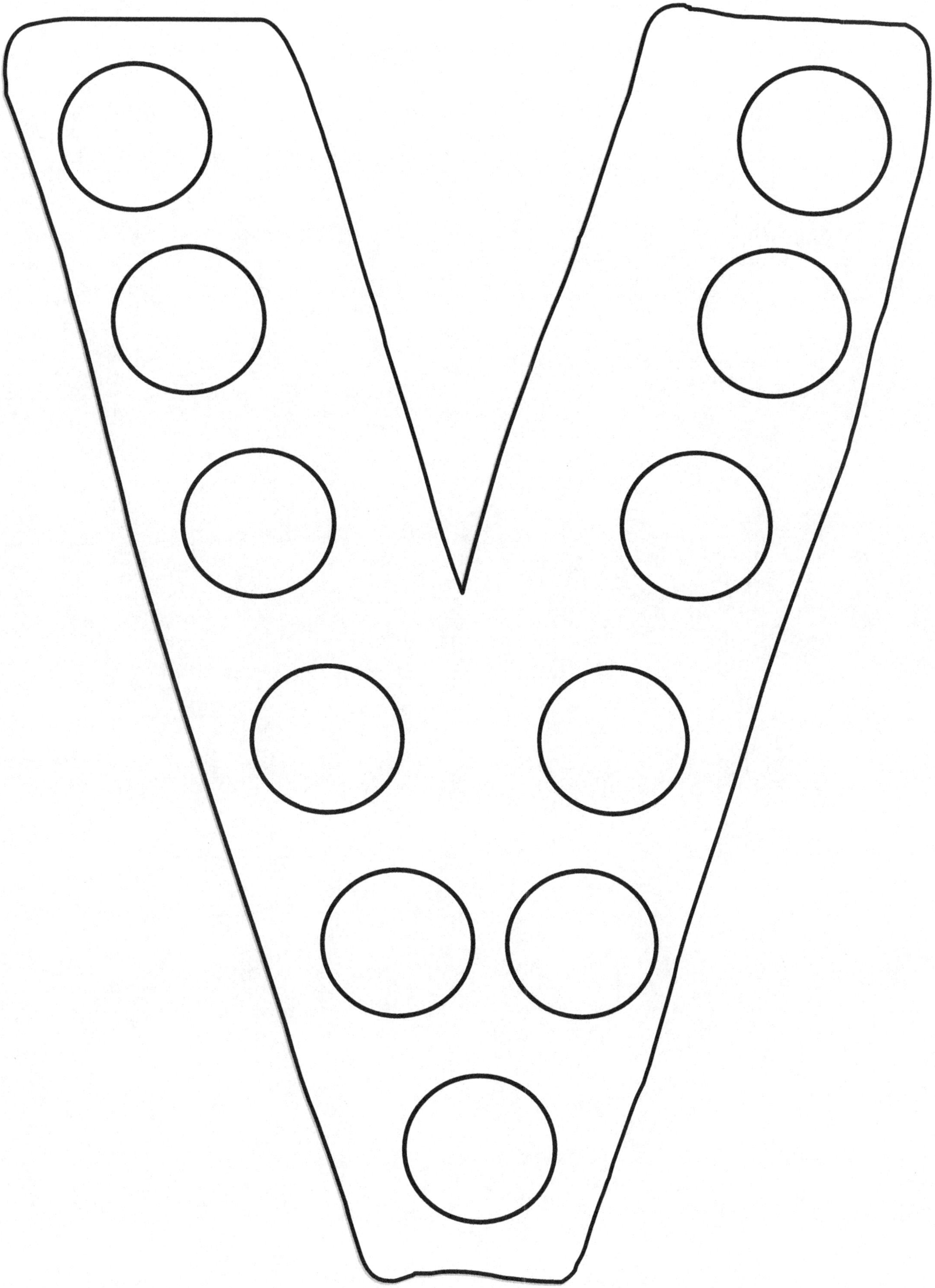

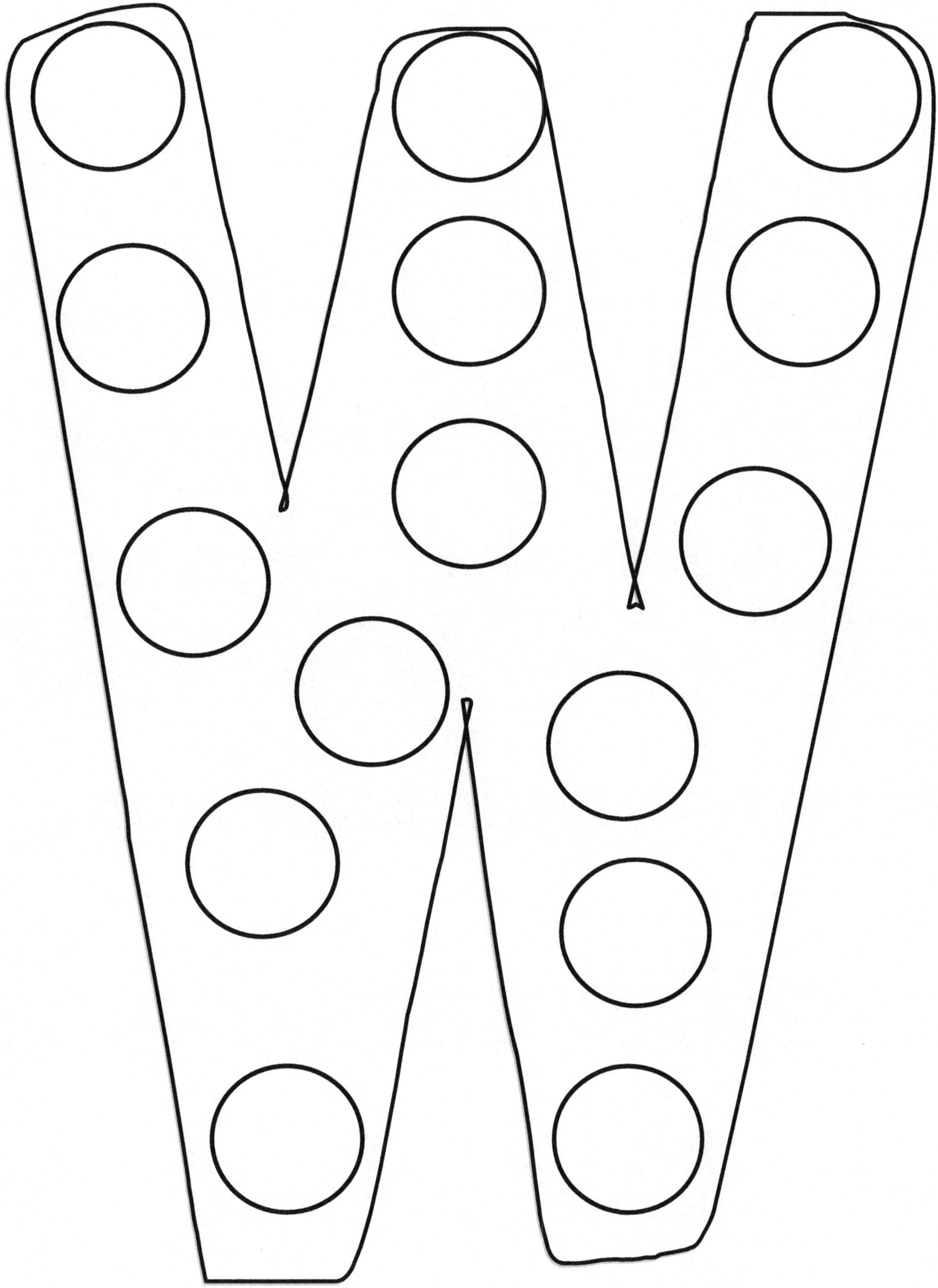

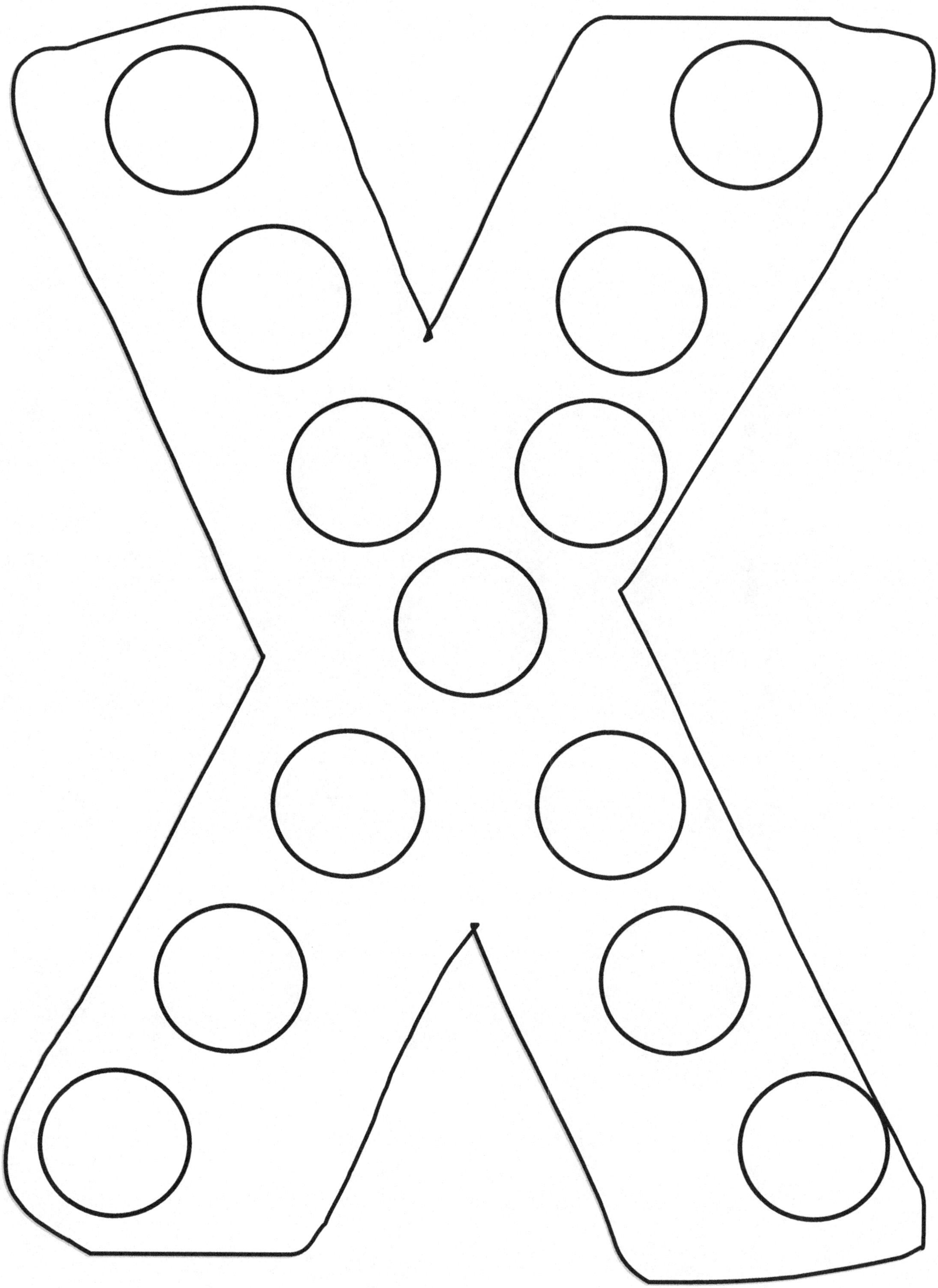

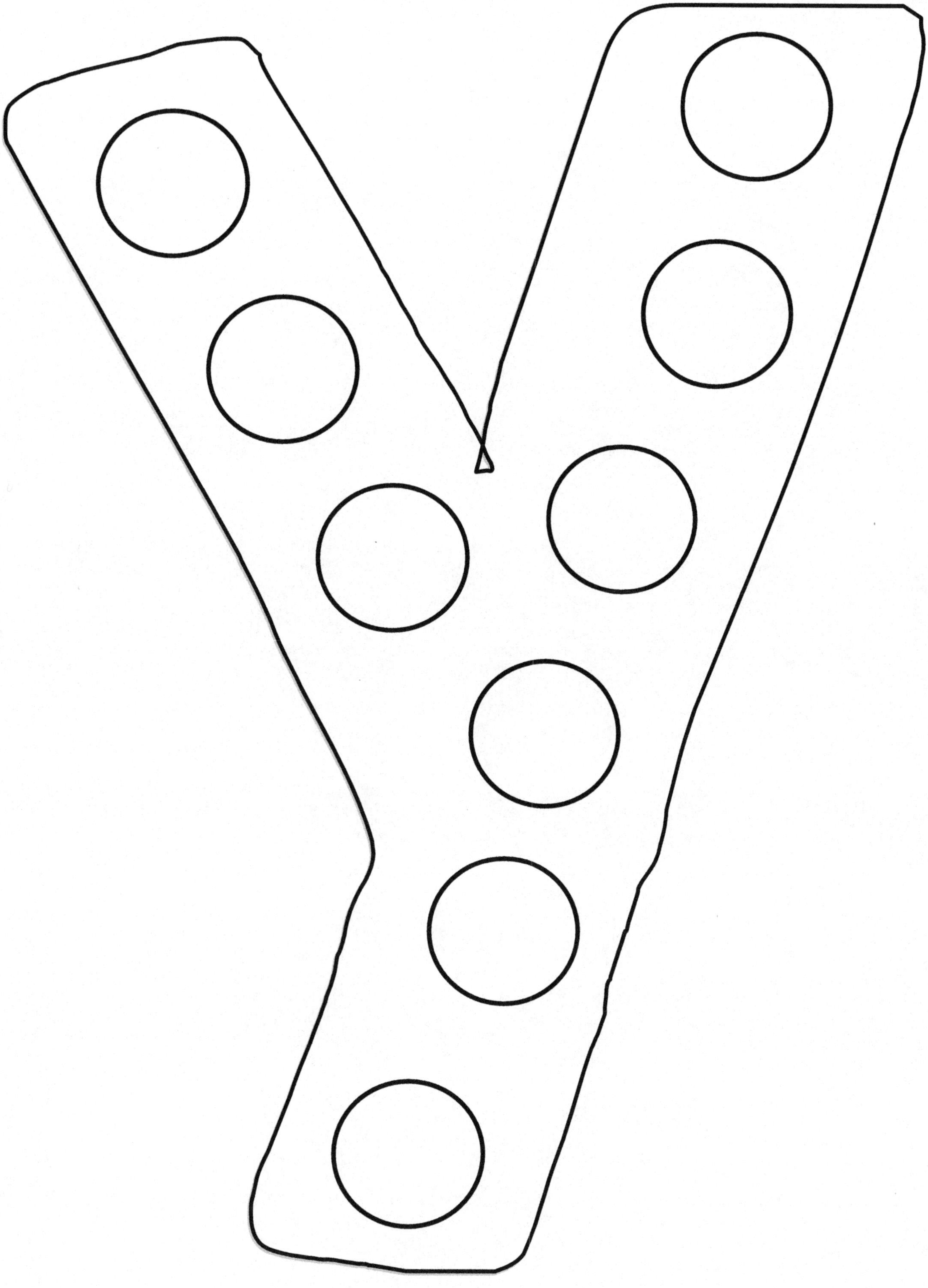

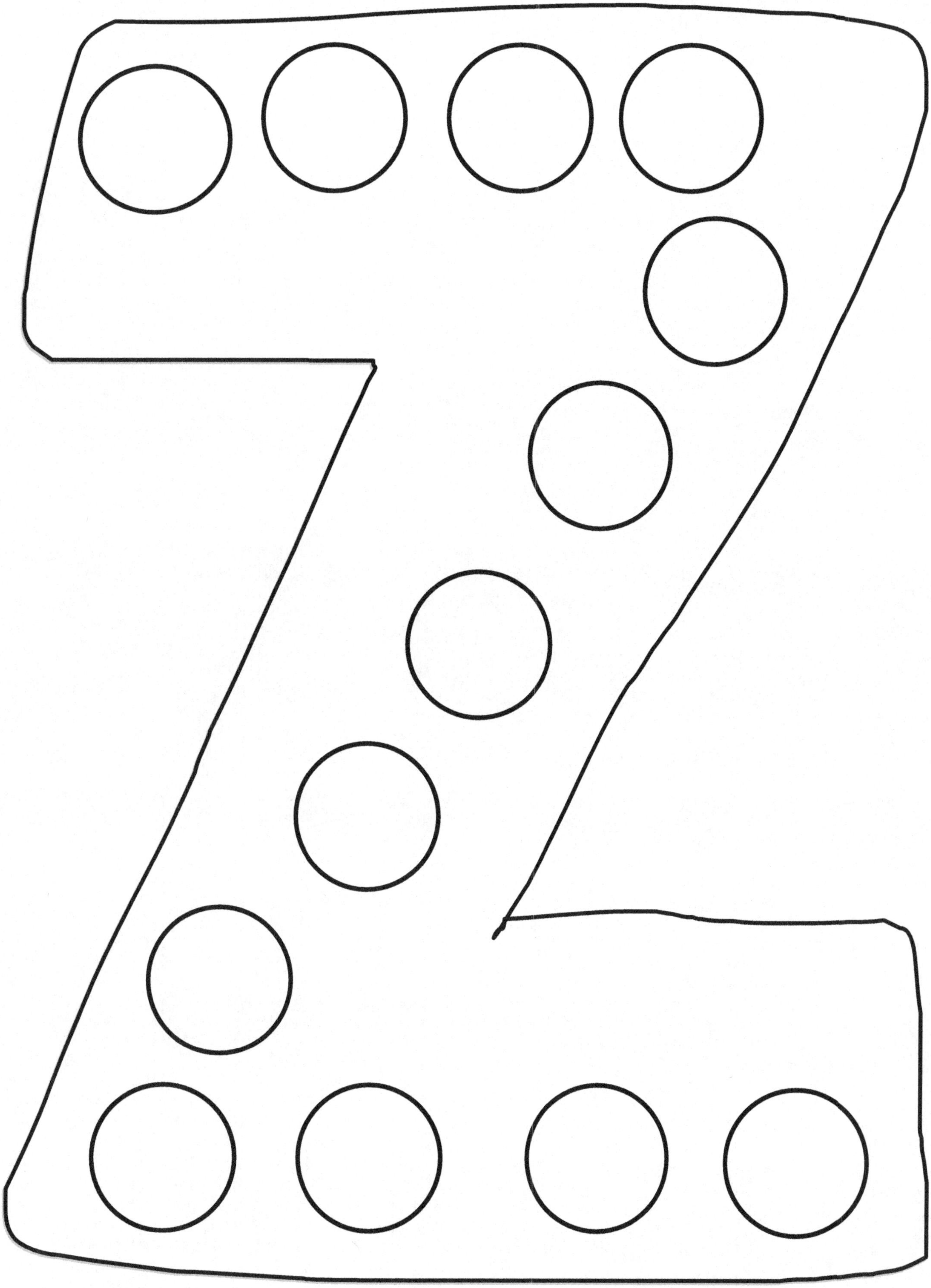

Made in the USA
Middletown, DE
18 May 2022

65917048R00031